Trésor Dieudonné KALONJI BILOLO

La Sécurité Informatique au Congo

Trésor Dieudonné KALONJI BILOLO

La Sécurité Informatique au Congo

Panorama de la Cybercriminalité

Éditions universitaires européennes

Mentions légales/ Imprint (applicable pour l'Allemagne seulement/ only for Germany)

Information bibliographique publiée par la Deutsche Nationalbibliothek: La Deutsche Nationalbibliothek inscrit cette publication à la Deutsche Nationalbibliografie; des données bibliographiques détaillées sont disponibles sur internet à l'adresse http://dnb.d-nb.de.

Toutes marques et noms de produits mentionnés dans ce livre demeurent sous la protection des marques, des marques déposées et des brevets, et sont des marques ou des marques déposées de leurs détenteurs respectifs. L'utilisation des marques, noms de produits, noms communs, noms commerciaux, descriptions de produits, etc, même sans qu'ils soient mentionnés de façon particulière dans ce livre ne signifie en aucune façon que ces noms peuvent être utilisés sans restriction à l'égard de la législation pour la protection des marques et des marques déposées et pourraient donc être utilisés par quiconque.

Photo de la couverture: www.ingimage.com

Editeur: Éditions universitaires européennes est une marque déposée de Südwestdeutscher Verlag für Hochschulschriften GmbH & Co. KG
Dudweiler Landstr. 99, 66123 Sarrebruck, Allemagne
Téléphone +49 681 37 20 271-1, Fax +49 681 37 20 271-0
Email: info@editions-ue.com

Produit en Allemagne:
Schaltungsdienst Lange o.H.G., Berlin
Books on Demand GmbH, Norderstedt
Reha GmbH, Saarbrücken
Amazon Distribution GmbH, Leipzig
ISBN: 978-613-1-56133-7

Imprint (only for USA, GB)

Bibliographic information published by the Deutsche Nationalbibliothek: The Deutsche Nationalbibliothek lists this publication in the Deutsche Nationalbibliografie; detailed bibliographic data are available in the Internet at http://dnb.d-nb.de.

Any brand names and product names mentioned in this book are subject to trademark, brand or patent protection and are trademarks or registered trademarks of their respective holders. The use of brand names, product names, common names, trade names, product descriptions etc. even without a particular marking in this works is in no way to be construed to mean that such names may be regarded as unrestricted in respect of trademark and brand protection legislation and could thus be used by anyone.

Cover image: www.ingimage.com

Publisher: Éditions universitaires européennes is an imprint of the publishing house Südwestdeutscher Verlag für Hochschulschriften GmbH & Co. KG
Dudweiler Landstr. 99, 66123 Saarbrücken, Germany
Phone +49 681 37 20 271-1, Fax +49 681 37 20 271-0
Email: info@editions-ue.com

Printed in the U.S.A.
Printed in the U.K. by (see last page)
ISBN: 978-613-1-56133-7

KALONJI BILOLO T.D.

LA SECURITE INFORMATIQUE AU CONGO

Version révisée
Décembre 2010

Table des Matières

Chapitre III : Alternatives de la Cybercriminalité au Congo

0. Introduction

La RDC, longtemps agitée par la crise socio-économique et les conflits armés, a vu la reprise de la coopération internationale avec des partenaires et organismes internationaux dont elle était privée après plusieurs années d'isolement suite à une grande instabilité politique.

Depuis l'avènement de la Troisième République, gage d'une paix durable basée sur une réconciliation sincère, notre pays est amené à rejoindre les autres nations disposant d'une expérience technologique poussée pour accélérer sa reconstruction et par ricochet son développement.

La célébration du cinquantenaire de l'accession du pays à l'indépendance a été l'occasion de faire le point sur l'ensemble des secteurs qui caractérisent la vie nationale. Partout le constat est mitigé et appelle à une analyse profonde des raisons et des causes à la base des échecs pour repartir du bon pied. Dans le point 8 des Objectifs du Millénaire pour le Développement, la RDC s'était résolument engagée à promouvoir la vulgarisation et l'appropriation des technologies nouvelles.

Il est nécessaire pour notre pays de se doter d'infrastructures pouvant lui permettre de répondre aux exigences pressantes d'un modernisme technologique en constante évolution en vue de motiver les différents secteurs d'activités nationaux, englobant les opérateurs aussi bien publics que privés, de se doter des facteurs indissociables à la marche de leurs activités respectives, mettant ainsi l'Informatique au centre de l'activité humaine en général, et les nouvelles technologies de l'Information et de la Communication en particulier.

Cette dynamique a existé bien avant l'avènement de la Troisième République au cours d'une période où les nouvelles technologies commençaient peu à peu à s'enraciner dans nos modes de vie et système de gestions.

Pour intérioriser cette discipline, des séminaires de formations furent organisés ça et là, pour justifier l'importance du recours à la technologie nouvelle. La mobilisation en faveur de cette dernière des supports médiatiques ne fera que donner un plus large échos à une exigence dépeinte comme étant la voie obligée vers le progrès.

Cette appropriation par le public des Nouvelles Technologies de l'Information et de la Communication se manifestera également par la prolifération des centres de formation et d'initiations aux usages de l'ordinateur.

Généralement, la plupart des utilisateurs ne se contentent que de contempler une seule facette : celle de l'apprentissage et de l'utilisation quotidienne des ordinateurs sans pour autant envisager les possibilités liées aux dangers qui existent en Informatique.

L'aspect touchant à la sécurité ne concerne pas seulement des grandes entités, mais aussi et surtout les utilisateurs les plus simples qui sont susceptibles d'être soit directement attaqués, soit de servir inconsciemment de relais pour l'aiguillage d'autres attaques à l'encontre d'autres structures plus importantes. C'est dans cette lignée que se situe la rédaction de cet ouvrage dont l'objectif est d'éveiller la conscience tant des décideurs que des utilisateurs des produits informatiques sur le danger que constitue la négligence de la sécurité dans toute architecture informatique avec tous les inconvénients que cela implique sur le plan tant politique, économique, socioculturel ou géostratégique.

Chapitre I : **Généralité sur la Sécurité Informatique**

Dans les pays africains ; l'essor des technologies nouvelles à l'aube des années 90 a été un véritable tournant, qui a amené des profondes mutations au sein de nos sociétés. Dans la révolution **Internet**, les échanges de courriers étaient devenus un mode de communiquer à la mode pour tous, la recherche, le secteur des loisirs ainsi que d'autre domaines ont également été propulsés par ce courant qui a fini par embraser tout le continent.

Aujourd'hui dans nos pays, les télécentres se multiplient, les organismes publics et privés se connectent, et bien que le nombre de connexions à domicile ne soient pas très élevé, les services tel que l'Internet mobile, sont de plus en plus utilisés et constituent même selon certains analystes, sur la pénétration des TIC en RDC, 45% des échanges sur la Toile Congolaise.

Cependant, ces bouleversements de notre paysage technologique se réalisent sans tenir compte des risques liés à la cybercriminalité qui, avec Internet, s'est développée pour aujourd'hui constituer une menace sérieuse et un obstacle à la pénétration et à la vulgarisation du réseau des réseaux dans notre pays.

1.1. **Définition**

La sécurité Informatique est globalement comprise comme l'ensemble des moyens mis en œuvre pour minimiser la vulnérabilité d'un système contre des menaces accidentelles ou intentionnelles.

Elle consiste en cinq principaux objectifs :
L'intégrité
La confidentialité
L'authentification
La non répudiation
La Pérennité

1.2. La Notion de Risque

Les risques associés à l'utilisation des systèmes informatiques dépendent de leurs contextes d'utilisations d'une part et de ceux de l'utilisateur de ces ressources d'autre part. Dans le cadre d'une structure ou d'une entité ayant recours au système pour des raisons d'ordre professionnel, les risques se rapportent à :

L'intégrité : garantit l'authenticité face à une altération volontaire ou accidentelle des données

La Confidentialité : prévention contre l'utilisation des ressources par des personnes non habilitées

L'Authentification : consiste à s'assurer que seules les personnes autorisées aient accès aux ressources

La Non Répudiation : garantie qu'une transaction ne peut être niée

La Pérennité : garantit le fonctionnement continu et permanent d'un système

Dans le cadre d'un individu ayant recours au système pour des raisons personnelles, les risques sont généralement liés à deux points :

- ➢ Au détournement d'information d'ordre personnel
- ➢ A l'atteinte à la vie privée

1.3. Les causes de l'insécurité

Les causes concourant à la sécurisation des systèmes informatiques sont de deux natures principales :
- ◆ Les causes indirectes
- ◆ Les causes directes

1.3.1 Les causes Indirectes

Sont celles inhérentes à l'exploitation et au fonctionnement d'une structure dont l'origine n'est pas liée à l'intervention directe de l'homme. En d'autres termes, une panne électrique impromptue peut porter préjudice à des équipements sans pour autant avoir nécessité le concours de personnes malveillantes à sa concrétisation.

1.3.2. Les causes Directes

Celles-ci sont les faits d'individus qui pour des raisons variées et par des méthodologies appropriées portent atteinte à l'intégrité des systèmes informatiques.

La motivation profonde des individus se livrant à la perpétration de ces délits varie selon les objectifs poursuivis qui peuvent être d'ordre affectifs, psychologiques, politiques, économiques ou autres.

Nous pourrions ainsi citer par exemple :

- Le désir de renommée
- L'attirance de l'interdit
- La défense d'une cause
- L'intelligence économique
- Le désir de nuire

L'informatique est devenue un outil de travail indispensable dans les principaux secteurs d'activités professionnelles. Dans les années 80, les systèmes informatiques ne se résumaient qu'en de gros serveurs centralisés autour d'une structure ou d'une entité.

Les premiers réseaux informatiques consistaient donc à relier ces différents serveurs entre eux afin de leur permettre d'exécuter des applications diverses (transfert de fichiers, consultation de bases de données, etc.). L'accès à ces réseaux étant restreint, leurs administrations et leurs sécurités étaient plus aisées. Aujourd'hui, la généralisation de la connexion des établissements, structures et entités à Internet a ouvert la voie à une multitude d'opportunités diverses. Le courrier électronique, le commerce, l'information sont devenus la ligne de mire du Web qui à ce stade constitue sans nul doute l'une, si pas la prouesse technologique la plus innovatrice et la plus aboutie de l'ère de la communication. Mais le Web a eu aussi comme inconvénient d'avoir introduit de risques dont il faut prendre conscience et en mesurer les conséquences sur notre société. Ces risques sont le fait de l'action entreprise par des individus qui, parallèlement à la science, ont évolué et s'érigent aujourd'hui en barrière contre elle. Il s'agit des **pirates informatiques**.

Chapitre II : **Le Piratage Informatique**

II.1.1. Définition

Devant le double sens que revêt ce terme, il est assez délicat de donner une définition homogène qui puisse receler toutes les caractéristiques qui sont communes au piratage. Afin d'éviter d'entrer dans un débat de conception et de fond, le pirate informatique pourrait se définir dans le contexte le plus large comme « *toute personne susceptible de pénétrer un réseau dans une but plus ou moins nuisible* ».

Certes, cette définition ne recèle pas à elle seule toutes les caractéristiques liées au piratage, mais elle est nécessaire pour se faire une idée générale sur la définition d'un pirate informatique.

Selon Eric S.Raymond[1], il existe une communauté, une culture partagée, de programmeurs expérimentés et de spécialistes des réseaux dont l'origine remonte aux premiers mini-ordinateurs multi-utilisateurs et aux expériences de l'Arpanet (l'actuel Internet). Les membres de cette communauté ont créée le mot *Hacker*.

Cette définition renferme des repères historiques permettant de nous situer dans le temps par rapport à l'origine de Hackers. Elle s'inscrit en faux contre l'utilisation abusive de ce terme par la plupart des contemporains actuels qui en ont fait un métier moins noble.

Les Hackers sont à la base de la création et la promotion des logiciels libres (Open Source ou Source ouverte). Des systèmes d'exploitation comme LINUX, malheureusement très peu usités au Congo font partie de cette génération « *open source*» en opposition aux systèmes d'exploitation payants comme MS Windows qui équipent la majorité des ordinateurs dans notre pays.

Les premiers hackers étaient donc des bénévoles passionnés et de programmeurs émérites à qui l'informatique doit des outils et des procédés auxquels elle a recours aujourd'hui. De cette déduction, il faut distinguer les bons hackers des faux. Les premiers existent pour construire et améliorer les systèmes existants. Les seconds par contre, s'efforcent de troubler le fonctionnement de ce qui existe.

---

[1] Eric S.Raymon in How to become a Hacker

II.1.2. **Aux origines du piratage informatique**

L'histoire remonte aux premiers réseaux. L'expansion de l'usage des réseaux était l'occasion propice pour cette nouvelle race de surdoués de se distinguer et de faire parler d'eux. Le tout premier chef-d'œuvre des pirates furent sans nul doute les virus informatiques. Ces virus sont des programmes qui s'attaquent aux ordinateurs pour altérer leurs données. En 1983, l'américain Frédéric COHEN réalise le premier véritable virus. Voulant reproduire le comportement d'un virus biologique, son programme est capable d'infecter un autre ordinateur en se répandant sur un réseau. Ce n'est que plus tard que ce concept fut repris par d'autres programmeurs avec l'intention de nuire.

II.1.3. **L'histoire de piratage informatique en RDC**

1.3.1. **La musique congolaise**

Le déclic ayant provoqué le regain d'intérêt de masse sur cette nouvelle technologie, ne se déclenchera que par l'entremise de péripéties d'une musique congolaise qui, à une certaine époque avait mis de côté son aspect artistique pour sombrer dans les intrigues. Nous sommes à l'aube de l'an 1999, lorsque le phénomène musical au Congo et à Kinshasa en particulier se caractérise par une animosité sans précédent entre différents groupes musicaux, rivalisant d'ardeur pour se prévaloir sur l'échiquier national. Dans la ligne de mire de ces altercations, la prestation de KOFFI OLOMIDE au Palais Omnisport de Paris Bercy.

Les spéculations vont bon train dans la capitale où la notion de plein ou de salle comble devait à elle seule justifier la qualité artistique d'un musicien.

En illustration à cela, plusieurs sites pirates feront leur apparition sur Internet, vantant pour la plupart les performances artistiques de Koffi Olomide et surestimant son record d'affluence jusqu'à avancer des chiffres pharaoniques, surpassant de loin la capacité d'accueil réelle dudit complexe. Cet état de fait atteindra son paroxysme lors des prestations successives des Artistes WERRASON et JB MPIANA qui ne feront que raviver la controverse. C'est ainsi que dévaleront dans les différents cybers de la capitale des foules de jeunes gens avides de savoir, inconscients de la manipulation caractéristique dont ils furent l'objet.

La guerre médiatique qui s'en suivit, largement relayée par une presse totalement en marge de ce nouveau mode de communication ne fera que pérenniser cet état de fait. C'est ainsi même que depuis lors et jusqu'à ce jour, Internet passe pour la plupart de gens, comme la source de véracité et d'authentification de l'information par excellence.

1.3.2. Le Piratage de pages web

Hormis les intriques causées par les musiciens congolais dans leurs prestations à Bercy ; les sites Web congolais serviront de ligne de mire de plusieurs pirates étrangers. Ainsi, pour faire passer certains messages ou idéaux, des pirates procèdent régulièrement au défacage (action consistant à modifier frauduleusement le contenu d'un site web). L'on a ainsi vu les sites de corporations et d'entreprises être rendus inaccessibles ou afficher des contenus obscènes et peu courtois.

1.3.3. Les principaux cas de Cybercriminalités au Congo

❖ Inter Connect

LE 30 JUILLET 2001, Inter Connect, l'un des principaux fournisseurs d'Accès à Internet de la RDC voit son site officiel piraté. L'œuvre est d'un groupe dénommé Ownedbr. Le serveur abritant le site tournant sous Windows a été mis hors service pendant plusieurs Heures.

❖ Le PPRD

le 5 septembre 2004, à 8 heures 14 (GMT), le site du parti présidentiel congolais www.pprd.com a drôle d'allure. A la place des messages et autres photos du Président Joseph KABILA, une page noire, truffé de mots et de caractères apparaît. La stupeur est de mise. Le serveur abritant le site tournant sous Linux et ayant Apache comme serveur web a été la cible de pirates brésiliens

« The Rebellious fingers Brazilian Defacement crew ». Cette attaque sera relayée par un organisme de presse « **la Conscience** » paraissant à Kinshasa quelques jours plus tard. Mais ces confrères de la presse ne verront en cette page noire qu'une facture de nom de domaine non payé plutôt que d'un piratage.

La Conscience

Désordre, négligence ou incompétence au PPRD de J-Kabila ?

"www.pprd.com" ne répond plus !

21 septembre 2004

© La Conscience

Le site Acoja était le premier à annoncer (...) la fermeture définitive du site internet du MLC (mlc-congo.org) de Jean-Pierre Bemba. Le Parti d'obédience présidentielle, le PPRD, vient aussi de perdre son site internet officiel, pprd.com, comme un jeu d'enfant !

Pour Vital Kamerhe, Secrétaire Général du PPRD (un politique avisé et de surcroît ancien ministre de l'information, porte -parole du Gouvernement) cela est surprenant et ressemble à de la négligence professionnelle, faute grave ! Est-ce par simple oubli, trahison déguisée ou manque de moyens financiers que cette bavure est survenue ? Le PPRD perd en effet son organe de communication de masse vers la diaspora et la communauté internationale. Peut-on imaginer l'UDPS se faire ravir son site udps.org ?

Le site du PPRD est à présent remplace par une page noire par son nouveau propriétaire qui y a même place un message "rebelle" en anglais a la fois insolite, insolent et intrigant : "You Cant Stop What u didnt Started - rebellious@end-war.com"

www.pprd.com ne répond plus !

"Vous ne pouvez arrêter ce que vous n'aviez pas commencé" lit-on en anglais

Par conséquent, le PPRD reste bien propriétaire des noms de domaine « pprd.com », « pprd.net » et « pprd.org » mais son site web reste inaccessible et fait l'objet d'une redirection qui renvoie vers une page noire. Et, la question que l'on se pose est de savoir qui a intérêt à ce que ce vecteur de communication de masse à l'échelle mondiale reste « inaccessible » ? La seconde question est de savoir comment un si grand parti, qui se veut « national » et connaissant l'importance d'un tel outil dans cette « société de l'information », peut-il se permettre de « limiter » la réservation d'un tel nom à un an seulement (jusqu'en septembre 2005) quand on sait que le coût d'une telle opération ne dépasse même pas 20 dollars usd ? Se verrait-il déjà dans le camp des « vaincus de la communication » ? A moins que l'équipe Communication (et NTI ?) de ce parti ne saisisse pas toute la portée « révolutionnaire » de l'Internet par le bias de ses différents services dont l'incontournable « Oueb » ? Mais, la question la plus importante est de savoir ce que fait le "Staff" pour remédier à ce problème : Qui, quoi, quand, où, comment et... pourquoi ?

15

A bon entendeur...

❖ *Societecile.cd*

Le 29 juillet 2005, c'est le site web de la société civile de la RDC qui est visé. A l'aube des attentats du Métro de Londres, d'autres pirates brésiliens en profitent pour poster ce message sur la page d'accueil :

SpyKids From Brasil Never Stop
Was Are: poerschke FDL Hualdo
Kill much people and steal oil in Iraq is not Terror but kill 57 people in London is terror... Fuck Bush and Blair

---

❖ *Spamming virale*

Le 27 Janvier 2006 dans la soirée à Kinshasa, les abonnés d'Inter Connect subiront un spamming virale de grande ampleur. L'Assaut fut été donné sur le serveur local du Conseil National des ONGD de la RDC (CNONGD). Un faux e-mail de l'Asadho Katanga (asadhokat@lubum-ic.cd) signalait la publication d'un rapport sur la situation des droits de l'Homme dans la Province Cuprifère. L'e-mail de nature anodine transportait avec lui un Virus dénommé W32.Bagz.F@mm, qui est apparu sur Internet le 2 novembre 2004.

❖ *ATTAQUE DDOS*

* le 4 Avril 2006, Inter Connect fut victime d'une attaque du type DDOS qui affecta son réseau sur Kinshasa et Lubumbashi et rendit la Connexion indisponible pendant plus de deux semaines. Inter Connect ne reconnut cette attaque que plus de deux semaines plus tard dans un mail.

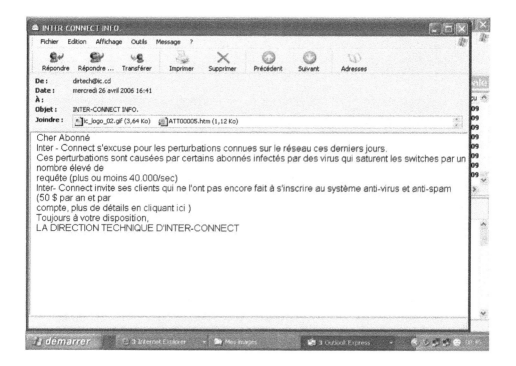

❖ *Trucage Photographique*

En Février 2006, en pleine période préélectorale en RD Congo, les attaques entre différents acteurs politiques étaient fréquentes. A l'époque, l'actuel Président Joseph Kabila était la cible privilégié de rumeurs et autres canulars de toutes sortes.

Cette photo, prétendument prise en 1995 et montrant Joseph Kabila comme garde du corps du Président Paul Kagame du Rwanda, avait défrayée la chronique. Finalement, il sera avéré que ladite photo était un grotesque trucage. L'affaire qui fut considéré comme le canular du siècle au Congo, n'aura finalement vécue que l'espace d'un mois.

❖ *La Banque Centrale du Congo*

Le 16 septembre 2010, la Banque Centrale du Congo a subi un crash informatique d'une ampleur sans précédent. Dans un communiqué, le Gouverneur de cette Institution, Masangu Munongo, avait affirmé que l'ensemble des opérations quotidiennes de la Banque ainsi que d'autres données diverses avaient été perdues suite à une opération de sabotage.

3. Catégorisation de Pirates

Les pirates informatiques se classifient en trois groupes distincts en fonction de leurs motivations et de leurs actions :

Les White Hat Hackers : pirates au sens noble du terme dont le but est d'aider à l'amélioration des systèmes informatiques. Ils sont à la base de la conception de plusieurs outils et systèmes informatiques dont nous sommes les utilisateurs aujourd'hui.

Les Black Hat Hackers : pirates au sens péjoratif. Ils constituent la catégorie des pirates dangereux, ils se subdivisent en cinq branches :

- *Les Script Kiddies* (également surnommés Newbies, crashers, lamers ou 3l33t35) : sont des jeunes pirates novices utilisant des techniques d'intrusions pour percer des systèmes informatiques et ce dans un but purement ludique.

- *Les Phreakers* : sont des pirates des réseaux téléphoniques qui les étudient dans le but d'en falsifier les fonctionnements.

- *Les Carders* : s'intéressent principalement aux systèmes de cartes à puce, principalement les cartes de crédit bancaire (Visa,Master Card, American Express,etc) pour en exploiter les failles.

- *Les Crackers* : ceux-ci mettent au point des outils logiciels permettant d'attaquer des systèmes informatiques ou plus généralement de désactiver les protections des logiciels payants.

Les Hacktivistes : désigne les pirates dont la motivation est d'ordre idéologique (dissidents politiques, pacifistes, etc.).

L'ensemble de tous ces différents pirates se solidarisent généralement les uns aux autres pour partager leurs connaissances et expériences ou encore faire la promotion de leur art conformément aux spécificités et aux motivations de chacun. C'est là un monde à part, distinct, séparé de notre réalité physique, jouissant de la garantie d'anonymat que leur procure Internet pour agir efficacement sans être réellement inquiétés.

C'est donc une société hétéroclite composée pêle-mêle de brigands, escrocs, espions, pacifistes, dissidents politiques, qui s'est ainsi développée sur la base d'un support virtuel immatériel (Internet) pour mener des actions contre des groupes, structures, entités ou autres ; bien réels ceux-là, à l'abri de risques d'interpellations et de poursuites judiciaires potentielles.

C'est une communauté virtuelle parallèle à la nôtre, qualifiée généralement de **underground**, par analogie aux populations souterraines des films de science fiction américains ; ou de maquis selon des tendances nouvelles. Ce milieu si complexe renferme en elle un certain nombre de définitions, de mœurs et de comportements qui lui sont propres

II.2. Le Congo et le Piratage informatique

Voyons ici quelques méthodes susceptibles d'être utilisés par des pirates informatiques. Dans le cas du Congo, cette section traitant des risques de piratages a été repartie en 8 sous points :

- Les Scams
- Les Ordinateurs Zombies
- Les Fournisseurs d'Accès à Internet
- La Sécurisation des logiciels
- Le Cyber Terrorisme
- L'inculture numérique

II.2.1. Les Scams

Un beau jour, vous ouvrez votre compte mail et vous découvrez un message qui vous fait tomber à la renverse. Vous avez été sélectionné parmi plus de 10 000 candidats pour faire la promotion d'Internet dans votre pays. Une généreuse fondation vous dote à ce titre d'un prix de plusieurs centaines de milliers de dollars pour promouvoir le World Wide Web parmi vos semblables. Le message revient sur le caractère unique et chanceux de votre sélection, et vous exhorte à prendre contact, avec un responsable local pour des formalités pratiques et administratives pour acquérir votre dû.

Peut être avez-vous déjà reçu un message dans ce sens. Peut être n'est ce pas encore le cas, mais cela ne saurait tarder. Sous cette forme ou sous une autre, les Scammeurs, tel qu'on les appelle usent de la naïveté des gens sous le prétexte de bourses d'études, de conférences à l'étranger, séminaire de formation, et autres stratagèmes pour vous extorquer le plus d'argent possible.
L'image ci-dessous illustre un exemple de scam tel qu'ils arrivent dans les boîtes e-mails. Dans ce cas précis, les scammeurs se font penser pour des agences accordant des bourses d'études aux étudiants africains. Votre mail aurait ainsi été sélectionné par tirage au sort, et vous êtes donc l'heureux gagnant de cette loterie providentielle qui vous permettra d'aller étudier en Suisse.
Vous devez cependant, malgré que la bourse soit « gratuite », vous acquitter de certain frais de port (pour l'expédition des colis postaux) et des frais de visas de l'ordre de 320$.

Nous notre rôle en cette année scolaire c'est d'aider les jeunes diplômés au monde à
pourvoir continuer leurs Études en SUISSE, voilà pourquoi nous avons entrepris des
démarches auprès des autorités des différentes universités du monde pour pourvoir
obtenir des bourses d'études pour nos frères à fin de
leur donner une chance de pouvoir perfectionner leurs études dans des universités
renommées du monde mais dommage, car pour notre première démarche auprès des
autorités universitaire seules l'université de l'ATLANTIQUE EN SUISSE à accepter de nous
attribuer 100 Bourses d'Études destinées aux étudiants partout dans le monde entier.

Et pour pouvoir distribuer ces 100 bourses il nous fallait faire un tirage au sort parmi les
étudiants demandeurs de tout les pays , car l'université nous demande que les étudiants
qui auront ces bourses ne doivent pas être de la même nationalité.

Et suite a ce tirage votre mail a été tiré parmi plus de 100000 Étudiants africains, il faut dire
que vous avez de la chance.
Bref, les bourses distribuer sont gratuite elles comprennent :

-Votre hébergement et
votre restauration durant toute la durée de vos études.
-Votre
billet d'avions pour la SUISSE en plus vous aurez droit chaque année a
un billet d'avions aller-retour vers votre pays pour les vacances avec

Un autre exemple de scamming qui est également utilisé concerne les anciens présidents
et/ou dictateurs déchus, ainsi que des hommes d'affaires fortunés dont ces escrocs se
servent des noms pour duper leurs victimes et les mettre en confiance. En voici un
exemple :
Miss Lizy Kamara est la fille d'un directeur financier d'une mine de diamants de Sierra-
Leone, aujourd'hui décédé. Le père en question a, pendant la guerre civile, déposé sa
fortune dans une banque d'Abidjan (Côte d'Ivoire), où sa fille vit aujourd'hui en tant que
réfugiée politique avec son frère.

Aujourd'hui, alors que la guerre est terminée, le gouvernement du Sierra-Leone veut faire
main basse sur les fortunes des partisans de l'ancien régime, et notamment celle feu
papa. Dans le message qu'elle vous adresse, Lizy vous propose tout simplement de
transférer les 16 millions de dollars qu'elle a hérités de son père sur votre propre compte,
en vous indemnisant avec 15 % de la somme (soit la bagatelle de 2,4 millions de dollars).
Bien sûr, il faut promettre de ne pas les trahir ou les dénoncer.

Ce genre de message n'est en fait qu'une gigantesque et dangereuse escroquerie.
Car derrière ces noms d'emprunts se cachent des escrocs qui ne visent qu'à vider votre
compte en banque si vous en avez un, ou de vous soutirer le plus d'argent possible.

22

votre famille

-les frais de vos études.

Certes, c'est vrai que les bourses sont gratuite mais il va vous falloir nous envoyer vos dossiers pour que nous puissions les transmettre au bureau de l'immigration SUISSE à fin de vous permettre d'avoir rapidement votre visa et pour cela vous allez devoir payer les frais de légalisation et de port de vos dossiers qui s'élèvent a 320 euros.

Les dossiers a fourni sont :
 - Votre dernier bulletin
-Votre relevé de notre du BAC ou Attestation de reussite
- Votre curriculum vitae
-1 copie de votre carte
d'identité ou de passeport
-1 certificat de visite et contre visite médicale de moins 3mois

Si vous ne désirez pas recevoir cette bourse d'étude veuillez nous prévenir a fin que nous puissions l'attribuer a un autre étudiant sur notre liste d'attente dans le cas où vous souhaitez continuer vos
Études au Canada alors veuillez nous faire parvenir par mail les dossiers demandés avant le 10 OCTOBRE 2007

Si vous manifester de l'intérêt pour une affaire qui sent l'argent facile, les escrocs vous proposent plusieurs alternatives :

...d'avancer des frais

Pour réaliser le transfert, il faut un avocat. Sous des prétextes divers, on vous explique que c'est vous qui devez avancer les frais d'avocat. Cela fait, on vous apprend que vous devez régler des frais de douanes. Vous vous exécutez. Puis, Il faut maintenant s'acquitter d'une taxe fiscale, etc. A chaque étape, les escrocs réclament davantage d'argent sous un prétexte quelconque. Jusqu'à ce que les abusés se rendent compte de l'arnaque. Les sommes peuvent monter très haut (on part de quelques centaines d'euros pour dépasser la centaine de millier d'euros !)

... soit de communiquer vos coordonnées bancaires

Pour transférer la somme, il faut évidemment avoir le numéro de votre compte bancaire. Mais les escrocs en profitent pour récupérer une photocopie de votre passeport ou votre permis de conduire. Munis de ces informations, ils usurpent votre identité et vident votre compte en banque.

Des sommes colossales sont sorties hors du continent sous couverts de fausses conférences à l'étranger, fausses bourses ou subventions.

Le cas le plus typique en RDC, est celui de Kelly Nsumbu Kelani, un individu non autrement identifié ; agissant soit à partir de la République sud africaine ou du territoire congolais. Ce dernier se fait passer pour le représentant de la Fondation Ursulla Mûller, organisation totalement fictive, et qui subventionnerait des Ong oeuvrant dans la lutte contre le SIDA.

Monsieur Kelly Nsumbu a séjourné pendant près de deux mois à Lubumbashi en 2006, où il a collecté près de 500 $ sur près de 20 personnes, en échange d'un séjour en Suisse, pour y percevoir 100.000 $ de la part de cette Docteur Muller.

Les 500 $, devant couvrir les frais relatifs au visa et à la prise en charge médical. Trop préoccupé par des foyers de tensions suite aux élections en RD Congo, la Police a laissé s'échapper le filou qui s'en est tiré avec environ 10.000 $. On estime aujourd'hui à 100.000 $ les fonds extorqués par cet individu sous couvert de cette fondation fictive.

Ce triste exemple de fuite de capitaux hors du continent, nous montre à quel point la cybercriminalité est un frein au développement et une source de pauvreté, car très souvent alléchés par les promesses de ces arnaqueurs, des congolais en sont arrivés à vendre leur maisons dans l'espoir d'un illusoire exode vers l'Europe, hypothéquant ainsi leur avenir et leur patrimoine au profit de ces hors la loi numérique, pour qui ce trafic représentent chaque année un gain moyen d'un demi milliard de $.

II.2.3. **Les Ordinateurs Zombies**

Les ordinateurs zombies sont un ensemble de machines envoyant un flux de données important vers une cible. Pour réussir, les pirates doivent au préalable prendre le contrôle d'un maximum de machines reliées à internet. Ensuite, ils installent au sein de chaque machine un programme spécifique qui leur permettra d'utiliser les capacités de la machine au moment voulu.

Ce sont ces programmes que l'on appelle les « spywares » ou « logiciels espions ». Ils disposent ainsi d'un réseau de machines "zombies", en analogie aux films des zombies tel qu'illustrés dans le cinéma, obéissant aux ordres d'une ou de plusieurs autres machines dont ils ont le contrôle, et qui servent à coordonner une attaque dénommée DDoS (Distributed denial of Service).

Cette technique permet de disposer d'une puissance très importante permettant de saturer la bande passante des Fournisseurs d'Accès à Internet.
Malheureusement, elle est généralement rendue fort possible grâce à l'extrême générosité ou de la naïveté de plusieurs compatriotes dans les cybercafés, les entreprises et/ou organisations qui négligent leur sécurité sur Internet , permettant ainsi à ces autres braves bénédictins du claviers de se servir de leur machines par des contrôles d'accès distants pour attaquer d'autres structures beaucoup plus importantes situées soit au niveau national soit largement en dehors de nos frontières.

Ces attaques servent les intérêts de leurs commanditaires dans le sens qu'elles génèrent un débit suffisamment grand pour saturer des ressources informatiques, mais aussi parce qu'elles rendent difficile un éventuelle retraçage de l'origine de l'attaque.
L'Afrique est depuis 5 ans l'un des berceaux de ces attaques redondantes contre des serveurs américains mais aussi européens, bien que le nombre de postes connectés sur le continent soit moindre par rapport à d'autres continents.

Les ordinateurs servant de relais sont aussi bien celle d'abonnés que ceux des Fournisseurs d'Accès. Le cas du Fournisseur Inter Connect (aujourd'hui Vodanet) à Kinshasa dont le Réseau avait servi de pont aux Pirates brésiliens du Spykids, qui l'avaient infecté de spywares pour saturer le Réseau d'UUnet Belgique, en est un exemple éloquent.

De ce fait, que des ordinateurs privés ou publics peu protégés puissent servir à causer des dégâts au niveau national ou dans d'autres pays suite à la négligence qu'on accorde à la sécurité, et ce, sans qu'on en soit même conscient ne laisse présager rien de bon dans l'avenir

II.2.4 Les Fournisseurs d'accès à Internet

Les Fournisseurs d'Accès à Internet à Kinshasa se chiffrent à une dizaine.

Dans la gamme de services que ces fournisseurs offrent à leurs abonnés, il y'a à l'instar de la navigation sur le web, l'envoi et la réception de courriers électroniques. L'usage du courrier électronique a été une alternative à la défaillance des services postaux traditionnels en l'occurrence l'OCPT (actuellement SCPT).

Les fournisseurs opérant en RDC octroient pour la plus part de cas à leurs abonnés un service de messagerie configuré à leurs domaines.
Un abonné connecté à inter Connect par exemple dont le domaine est www.ic.cd aura une adresse de messagerie du genre : nom de l'abonné@ic.cd.

Parmi les principaux points faibles de la sécurité informatique auprès des usagers congolais, il y'a : les téléchargements abusifs et la messagerie.

II.2.4.1 Les Téléchargements abusifs

Ce fut la conséquence directe la plus perceptible qui a caractérisé la généralisation de l'accès à Internet. Dans le domaine de l'accès à Internet au grand public par exemple, la navigation sur le web avait constitué un moyen d'évasion pour une proportion importante de la population qui découvrait les immenses potentialités qu'offrait le réseau des réseaux. Selon les tranches d'âges, les raisons qui motivaient l'usage d'Internet dans la population étaient variées.

Dans la catégorie de jeunes allant de 10 à 16 ans, les motivations étaient beaucoup plus dues à l'attrait au jeu et à la pornographie.

Cela a eu comme conséquence le téléchargement de plusieurs utilitaires qui servent principalement à l'exécution de programmes de jeux et/ou à la visualisation de fichiers multimédia à caractères pornographique.

Les incidences de pratiques sur les ordinateurs connectés varient selon la fréquence de visite sur ces sites et la quantité de données téléchargées, à long terme. Ces vidéos ont comme conséquence la diminution des performances des machines qui au bout du compte deviennent soit partiellement défectueuses soit totalement inopérantes.
Ce phénomène a pris tellement d'ampleur qu'il affecte désormais toutes les tranches d'âges et concerne désormais l'usage d'Internet aussi bien dans les milieux professionnels que dans les coins d'accès au grand public.

II.2.4.2. **La messagerie**

La messagerie constitue un vecteur de communication important. Elle est la base du courrier électronique, permettant l'envoi et la réception des messages à travers le Web. À Kinshasa, la messagerie s'utilise sur deux volets à savoir le volet privé et le volet professionnel.

Le volet privé
Il consiste en l'utilisation du courrier électronique à des fins personnelles. De manière générale, les utilisateurs privés font usage des services de messagerie leur offerts par le groupe YAHOO France tel que le relève un sondage d'opinion publié par le cabinet Expert en 2001 qui se confirme jusqu'à ce jour. Les risques de sécurité pour un internaute congolais abonné à un service de messagerie étranger sont relativement minimes. (Présence d'anti-spam et d'antivirus, contrôle de la solidité de mots de passe, accès en mode sécurisé, etc.).

Le volet professionnel
C'est l'utilisation du courrier électronique à des fins professionnelles. Les internautes qui en font usage s'abonnent soit à des services de messagerie connus comme Yahoo France ou Msn Hotmail mais aussi aux services de messageries offerts par leurs Fournisseurs d'Accès à Internet. C'est cette 2ème catégorie d'utilisateurs qui comporte le plus de risques possible liés à la sécurité des systèmes d'informations.

II.2.4.3. l'Internet Mobile

A Kinshasa, l'Opérateur de Téléphonie mobile VodaCom, avait été obligé d'interrompre début 2007 les services VodaLive de Connexion GPRS, car celui-ci était devenu poreux ; suite à un bug créé sur les passerelles GPRS qui modifiait les tarifications des octets téléchargés, à des variables tels que 0.10 $ pour plus de 5 heures de navigation continue.

Cette faille avait fini par faire le tour de la ville qui avait fini par en tirer parti, pour naviguer à moindre frais. Des jeunes gens, vendaient au prix de 30$, cinq IP pour une navigation sur VodaLive, au détriment du service VodaNet.

II.2.5 Identification de risques

La saturation : Elle est due au relais massif d'informations peu utiles et encombrantes. Elles sont causées par des personnes qui jouent sur l'émotivité des internautes pour favoriser la propagation en masse d'un ou de plusieurs messages en vue de l'engorgement du réseau. Les cas les plus typiques concernent les messages reçus de personnes inconnus assortis des poèmes, de prières, concours, tombola ou de tout autre discours à forte attirance et qui demandent de le faire suivre à un groupe défini ou illimité de destinataires. Les Kinois sont très faillibles à ces procédés usant de leurs sensibilités pour des domaines particuliers dont la religion, le souci du gain ou le romantisme.

> Un nouveau virus a été découvert. Il a été classé par Microsoft comme le plus destructeur à ce jour. Ce virus a été découvert hier après-midi par McAffee et aucun vaccin n'a encore été développé. Il détruit simplement le Zéro de Secteur du disque dur où les informations essentielles de son fonctionnement sont stockées.
>
> Ce virus agit de la façon suivante: Il s'envoie automatiquement à tous les contacts de ta liste avec le titre: "UNE-CARTE-POUR-VOUS"< B>. Aussitôt ouvert la carte gèle l'ordinateur. Quand les clefs "Ctrl Alt Suppr" et la commande de redémarrage sont activées, le virus détruit le Zéro du Secteur détruisant ainsi de manière permanente le disque dur.
>
> Ne pas accepter le contact: " pti_bout_de_chou@hotmail.com " C'EST UN VIRUS!!!!
>
> Si tu ne le fais pas passer et que 1 de tes amis le rajoute à ses contacts tu seras toi aussi atteint!

La Capacité : les boites électroniques ne sont pas toutes extensibles. C'est à dire qu'à chaque utilisateur correspond généralement un espace disque qui lui est alloué pour les réceptions et/ou l'envoi de messages. Parmi les services de messageries utilisés en RDC, c'est le Groupe Yahoo France et Google qui offrent gratuitement un espace disque important (illimité pour le premier, et de près de 2 giga pour le second). Généralement, ceux abonnés à leurs FAI archivent rarement leurs messages. L'envoi des pièces jointes volumineuses couplées à l'action éventuelle en mémoire RAM de spywares chez l'abonné ou chez son Fournisseur d'Accès, saturent la bande passante et entraînent des échecs d'expédition.

Usurpation d'identité

Un grand nombre d'internautes abonnés à leurs Fournisseurs d'Accès sont perméables face à la percée des spams et des virus sur leurs postes de travail. Le cas le plus illustratif fût celui des abonnés d'Inter-Connect. Ce prestataire fournissait pendant plusieurs années à ses abonnés un programme dénommé « Popcorn ». Celui-ci agit essentiellement comme un anti-spam (en théorie) complémentaire à un anti virus déjà installé. Pourtant dans la réalité, Popcorn agit chez ses clients comme un spyware. Les cas les plus remarqués chez certains abonnés furent entre autres :
- La radiation périodique des messages (principes des bombes logiques)
- L'inefficacité dans la détection de nouvelles techniques de spamming
- La rétention inexpliquée en grand nombre de messages ne présentant aucun danger

Couplée à tout cela, près de la moitié de spams (près d'une vingtaine par jour par abonné) parvenaient à passer le filtre et à se loger dans la boite de réception de l'abonné ; créant ainsi la confusion la plus totale.

Le cas le plus typique d'usurpation d'identité fut le spamming viral ayant affecté le Conseil National des ONGD en 2005. plusieurs utilisateurs recevaient de messages tronqués du genre dirtech@ic.cd (la direction technique d'Inter-Connect) signalant de télécharger un anti-virus ou un anti-spam sur le lien proposé dans le message, ou encore compta@ic.cd (le service comptable d'Inter-Connect) avisant comme de coutume de payer anticipativement des frais d'abonnement sans télécharger quoi que ce soit.

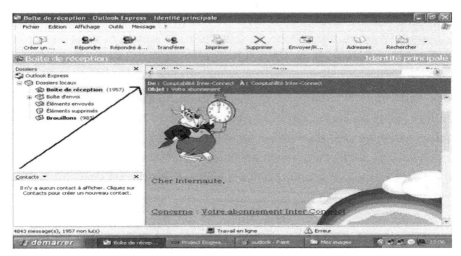

Les variantes furent nombreuses et illimités (conafed@ic.cd , upp@ic.cd , chris@ic.cd, etc.). Usurpant ainsi l'identité de vos contacts, les virus ainsi aléatoirement programmés ou des pirates ayant pris le contrôle des machines peuvent se faire passer pour vous auprès de vos contacts et solliciter des informations beaucoup plus confidentielles (coordonnées bancaires, documents confidentiels, etc.).

De plus, ces virus affectent principalement les utilisateurs utilisant Microsoft Outlook comme client de messagerie. Le principe étant le même. Le virus ou les virus (s'il y en a plusieurs) attaquent le carnet d'adresses d'Outlook. En outre, ils s'insèrent également dans les répertoires partagés d'un réseau local et sur les disques durs de chacune des machines à la recherche d'une adresse e-mail quelconque susceptible d'être reprise dans n'importe quel document.

Une fois cette chasse aux mails achevée, le virus se charge et envoie des messages à tous les destinataires des e-mails recueillis. Les astuces pour piéger les destinataires sont multiples. Elles peuvent prendre l'apparence d'un message de service, d'un appel d'offre, d'un message important à télécharger en pièce jointes (Cfr Attaque du CNONGD).
La pensée d'une grande partie des utilisateurs accréditeraient l'hypothèse d'éviter la contamination par un virus en évitant de cliquez sur un lien ou sur une pièce jointe. Mais il est des virus, qui ne nécessitent aucun clic pour s'installer sur votre machine. La simple ouverture du mail suffit à le charger.

II.2.6. La Sécurisation des logiciels

Malgré l'expansion de l'informatique dans notre pays, la crise économique et l'inculture numérique sont à la base de plusieurs errances dans la sécurité des logiciels informatiques ainsi que des ordinateurs connectés à Internet.

Lors de la sortie d'un logiciel, les éditeurs se contentent de manière générale à tester le produit qui dans la majeure partie des cas n'est qu'une première version à améliorer (on parle alors d'une version Beta). Ces logiciels contiennent très souvent des erreurs qui seront corrigées dans des versions ultérieures.

On appelle ces erreurs des bugs lorsqu'elles empêchent le fonctionnement d'un logiciel ou de failles lorsqu'ils contiennent des vulnérabilités qui exposent la sécurité du produit.

Lorsqu'un pirate cherche à pénétrer un système informatique reposant sur un logiciel spécifique par exemple, il cherche avant tout si le logiciel qui équipe les machines d'un réseau qu'il cherche à percer contient des failles.

Ainsi par exemple, un réseau informatique connecté à Internet disposant d'un serveur web et d'un serveur de base de données est beaucoup plus exposé à certains types de virus ou d'attaques réseaux, s'il tourne sous Microsoft Windows NT ou XP et SQL Server. Quant on connaît la forte vulnérabilité de réseaux conçus sous Windows, il y a là de quoi rester perplexe.
Les éditeurs des logiciels mais aussi des sociétés spécialisées ou des centres de recherche publient régulièrement des correctifs pour pallier aux problèmes de sécurité.
Cependant la tâche n'est pas facile lorsque le système d'exploitation est une version piratée.

Dans notre pays, c'est le Système d'Exploitation WINDOWS qui équipe la majorité des ordinateurs. Vu le coût d'acquisition relativement élevé de celui-ci par rapport au pouvoir d'achat, très peu de gens en possèdent une version d'origine. Bien qu'il soit difficile de le quantifier à la base, l'on pourrait estimer approximativement que le trois quart des ordinateurs à Kinshasa tournent sous des versions piratées.

Les versions piratées ne sont pas évolutives dans le temps en termes d'optionalités et de performances, mais aussi extrêmement faillibles en termes de sécurité.

Les différentes versions piratées de Windows recensées à Kinshasa sont : Jashmod, PNX, LSD, Windows Titanium, Gold 5.5 et Sweet.

Le fait est qu'aujourd'hui n'importe qui peu ainsi personnaliser Windows à volonté en y rajoutant ce qu'il désire. Ces différentes versions de Windows ont été mises sur pied par des simples utilisateurs ou des pirates qui y rajoutent en général virus et logiciels espions.

Ainsi, plusieurs utilisateurs néophytes se sont retrouvés en difficulté puisque les versions de Windows qui leur été installés par les soins d'autres personnes ; étaient des versions piratées contenant déjà en elle-même virus et spywares.

Même en y ajoutant un anti-virus, aussi performant soit-il ; il est impossible pour qu'un système pareil puisse fonctionner correctement au cours d'une longue période. L'entrée d'autres virus et programmes malveillants en provenance de flash disques externes ou via Internet, ne fait qu'accélérer l'instabilité de ces systèmes, qui finissent le plus souvent par un Crash.

Une fois les machines équipées de ces cracks de Windows connectés à Internet, les pirates récupèrent des informations personnelles qu'ils revendent à des Agences de Marketing spécialisés dans la traque aux cybers consommateurs (spammeurs américains et européens) qui les rachètent à prix d'or.

D'autres types de données sont aussi glanés comme des numéros de comptes bancaires (si vous en avez un), la puissance de calcul de vos ordinateurs pour coordonner des attaques réseaux (PC zombies).

Ainsi une machine non protégée et équipée d'une version illégale est un vecteur de propagation de virus informatiques et de relais à des attaques réseaux et à des actions de sabotage (cyber terrorisme).

Des maintenanciers et autres utilisateurs IT, qui ne sont pas sensibilisés aux problèmes de sécurités véhiculent ainsi de façon inconsciente des virus pré- embarqués au cœur même des noyaux des systèmes qu'ils installent sans précaution un peu partout.

II.2.7. les Structures technologiques critiques

De par ce concept, on sous-entend toute structure officielle de l'Etat congolais à caractère stratégique, disposant de matériels informatiques fonctionnels ; que ceux-ci soient connectés à Internet ou non.

Ces structures présentent un risque en termes de vol de données stratégiques, d'espionnage ou d'interception des télécommunications. A cet effet, le fait que ces structures dénotent d'une perméabilité déconcertante, laisse planer le doute sur l'existence ou non d'une politique de sécurité nationale efficace.

L'expansion de la technologie a évolué de pair avec le crime organisé et le terrorisme. Ceux-ci ont su s'adapter à l'évolution scientifique contrairement à plusieurs Etats dont le nôtre. Le terroriste d'aujourd'hui peut faire plus de dégâts avec un clavier qu'avec une bombe.

Ils ont aujourd'hui accès à des technologies de pointe comme l'imagerie spatiale (autrefois la chasse gardée des militaires) grâce notamment à des logiciels développés par Google.
Plus rien n'est sur. Des endroits hautement protégés sont aujourd'hui défiés, passant à la merci de tout le monde.

Ainsi, comme le montrent les images ci-dessous, il est aujourd'hui devenu possible pour n'importe qui de prendre de photos satellites précises de n'importe quel site stratégique sur notre territoire via Internet.

Vue aérienne de l'aéroport international de N'djili

Aérodrome de Ndolo Barumbu.

Base logistique de la Mission d'Observation des Nations unies au Congo (MONUC) à Kinshasa/Limete

II.2.8. l'Inculture numérique

Le conformisme progressif du Congo au modernisme doit nous permettre d'anticiper les menaces et les prévoir au lieu d'attendre qu'elles arrivent. Lorsque des banques comme la ProCredit, installent des distributeurs automatiques de billets à Kinshasa tel que ce fut le cas le 27 Juin 2006, la sécurité électronique de ces distributeurs devraient déjà constituaient une préoccupation de ces dirigeants, surtout, depuis la défaillance des distributeurs de billets de la RAWBANK en 2005.

Déjà, des chercheurs indépendants avaient longtemps épinglé l'attentisme du Gouvernement dans la Prévention et la Gestion des Risques.
A la Banque centrale du Congo, il n'existait déjà pas de politique de sécurité informatique efficace. Les données de natures confidentielles étaient et sont encore archivées dans des conditions de sécurité peu fiables.

Le sinistre arrivé à la Banque en septembre 2010 n'était que la résultante de cette négligence.

Certaines de ces données se retrouvent même dans les disques durs des Bureautiques longeant le boulevard du 30 Juin, à la merci des personnes indiscrètes.

N'a-t-on jamais vu au Rond Point Victoire de Kinshasa, des fonctionnaires faire saisir dans des Bureautiques, des documents d'importance stratégiques relevant parfois même du domaine de la défense nationale et de la sécurité d'État ?

En exhumant les contenus des disques durs des principales Bureautiques de la Ville, quel fut mon étonnement de constater que les principaux dossiers d'intérêts nationaux y sont stockés en permanence ?

Les Ordinateurs disséminés çà et là dans les différents ministères ne remplissent pas tous la mission pour laquelle, ils ont été affectés. D'autres servent purement et simplement à la distraction de leur usagers (musique, jeu de cartes, Tchatche, téléchargement illicites,) ou elles ne sont pas du tout utilisé et servent de monument décoratifs, exposés sur des bureaux dans leurs emballages d'origine ou sans, comme des pièces de musées à la merci de la poussière et de l'Humidité.

Comment encore expliquer que les e-mails utilisés par les services gouvernementaux soient ceux des serveurs étrangers (Yahoo, MSN, Wanadoo) ?

La main mise que ces prestataires ont sur les courriers qui circulent sur Internet pour le compte d'Agences gouvernementales avec les risques liés à la fuite de données confidentielles, l'interception des messages ou encore leur altération est un risque majeur auxquels les autorités n'ont jamais songé.

Pire il n'existe pas une politique globale concernant l'archivage global des données numériques. Après le Crash à la Banque Centrale, un scénario identique à la Direction Générale des Impôts, dans lequel plusieurs machines seraient endommagés pour des raisons diverses (avaries, incendie, erreurs humaines, infection virale, etc..) est de également prévisible.

Pourtant malgré toutes ces menaces, le laxisme que nous observons dans l'opinion est inquiétant.

L'appropriation, la maîtrise et l'utilisation généralisée des technologies de l'information et de la communication et le développement de la recherche, d'applications et de services, doivent ouvrir des perspectives motivantes en termes de lutte contre la Criminalité numérique, la Piraterie et la Sécurité publique. L'on ne peut cependant pas envisager une politique spécifique à la Sécurité Informatique et des Télécommunications dans le contexte actuel car, celle-ci devrait s'intégrer dans une Politique dite de « Sécurité Nationale » dont les contours et les objectifs ne sont jusque là toujours pas clairement définis.

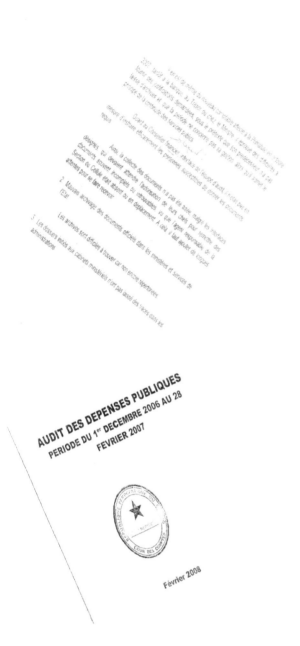

AUDIT DES DEPENSES PUBLIQUES
PERIODE DU 1er DECEMBRE 2006 AU 28 FEVRIER 2007

Février 2008

La saisie, le transfert ou le stockage des documents officiels dans des lieux d'accès publics sont fréquents et n'émeuvent personne. Ce laxisme a ouvert la voie à un autre phénomène : la falsification des documents officiels.

L'arrivée massive de scanneurs intégrant la technologie OCR (Reconnaissance Optique des Caractères) a ruée un bon nombre de faussaires dans le trafic des faux documents. Cette technologie possédant la particularité de convertir un document scannée en version Texte éditable, permettant par là de rajouter ou desupprimer du texte, des images (cachets) sur toutes sortes de documents.

Les tenanciers des Bureautiques possédaient ainsi des cachets numérisés de différents services publics (Services secrets, douanes, présidence, primature, etc.) ainsi que de vieux documents dont les contenus ont pu être actualisés grâce à l'OCR.

C'est pour lutter contre ce circuit parallèle que le Gouvernorat de Kinshasa avait entrepris dans un premier temps en 2007 la mise en place d'un service d'émission de documents sécurisé. Même si cette mesure permit de juguler la menace dans les municipalités de la Capitale, les autres services publics ne bénéficièrent pas de cette mesure. Le secteur privé subit également les contrecoups de cette technologie. Au moins quatre affaires furent portées devant les cours et tribunaux de Kinshasa relatives à la falsification et la manipulation de données confidentielles.

La seule archive judiciaire y relative est enregistrée au Parquet de la Gombe à Kinshasa sous le RP 143739/I/DA. Plusieurs autres cas similaires ont été portés devant les juridictions compétentes, mais l'opacité qui règne dans la collaboration entre la Justice congolaise et les chercheurs n'ont pas permis d'avoir accès aux dossiers.

La recrudescence du phénomène a ainsi forcé les Autorités en 2010 à proscrire toute modification de documents officiels sous peine d'arrestation. Mais cette mesure répressive n'a pas endigué la propagation du phénomène qui a quitté Kinshasa pour s'élargir aux provinces.

II.2.8. 1. **L'Affaire de la CEI**

Le cas le plus illustratif de cette l'inculture numérique sont les incidents qui sécouèrent la Commission Electorale Indépendante en 2006. Ci-dessous une dépêche de l'Agence France Presse publié le samedi 15 juillet 2006 sur la perte des noms de 1,2 millions d'électeurs suite à plusieurs défaillances techniques, dues aussi bien aux modes de transmissions des données qu'à leurs méthodes de conservation.

"*Nous avions établi le chiffre de 25,7 millions d'électeurs enregistrés à partir des données envoyées au fur et à mesure (par téléphone, internet) par les centres d'inscription au central de Kinshasa. Il y a plusieurs centres où des données ont été mal saisies, où des CD-Rom ont été endommagés ou ne sont jamais parvenus à Kinshasa*", a expliqué à l'Agence France Presse un responsable des opérations de la CEI, s'exprimant sous couvert d'anonymat.

Certains CD-Rom de données ont été détruits par des agents de la CEI qui protestaient contre les retards de paiement de leurs primes, d'autres ont été endommagés dans le transport, d'autres enfin se sont avérés illisibles par le serveur central du fait d'erreurs de saisie dans les codes des bureaux d'inscription. "*Les électeurs existent bel et bien. Ils ont reçu leurs cartes, dont nous avons les numéros, mais nous avons perdu leurs noms*", a affirmé un responsable de la CEI à l'AFP.

"*Le jour du vote, nous afficherons à côté des listes électorales, des listes comportant les numéros des cartes qui devront être complétées du nom des électeurs correspondant, sur présentation de leurs cartes électorales*", avait-t-il ajouté. Ces dysfonctionnements concernaient 1.029 des 9.200 centres d'inscription du pays.

Ces dysfonctionnements ont été la résultante d'une totale absence de réglementation dans l'utilisation des ressources informatiques au sein de cette institution. Insuffisances qui ont favorisé aux dires de plusieurs observateurs dont ceux du Programme des Nations Unies pour le Développement (PNUD), qui dans une émission radiotélévisé en Mai 2008 à Kinshasa, affirmaient que l'organisation technique des élections en RDC était un fiasco, déclarations faisant suite aux détournements des ressources informatiques à des fins privés ; situation qui n'avait pas permis à la CEI de mettre à la disposition du Ministère de l'intérieur de la RDC, la base de données des électeurs dans l'optique du projet d'établissement d'une carte d'identité biométrique pour citoyen en 2007.

41

II.2.9. le Cyber Terrorisme

Des recherches assez poussées m'ont entraîné à la découverte hasardeuse sur Internet d'un projet scientifique avec un impact direct néfaste pour le Congo. Il s'agit du Projet VOLDEMORT.

Cette idée paranoïaque inspirée d'un célèbre film de fiction consiste à véhiculer et à encourager sur Internet, la diffusion, la vulgarisation et la concrétisation d'un projet de création d'une arme biologique développée par des personnes hostiles à notre pays. Sur base d'expériences similaires déjà existantes de par le monde, elle consiste en la manipulation des structures génétiques d'abeilles expérimentales avec pour objectif majeur :

De créer des abeilles génétiquement modifiées qui une fois lâchées dans la nature étaient destinées à se reproduire avec des abeilles naturelles. De cette union surgirait une nouvelle espèce d'abeilles au venin dix fois plus puissant que celle d'un mamba des Indes dont la mission serait :

➢ D'envahir et de ravager les campagnes de l'Est du Congo
➢ Décimer le bétail existant
➢ Causer d'importantes pertes en vies humaines

Certes, beaucoup auront du mal à croire à pareilles affirmations étant donné qu'elles sont difficilement vérifiables dans le contexte actuel des choses. Dans quelle catégorie pourrions-nous alors ranger ce genre d'information.
A de la désinformation dans le but de susciter la peur d'un ennemi invisible ? A de la pure supercherie pour amuser le lot croissant de personnes anxieuses quant à leur sécurité ? A de l'Intoxication ou plus simplement à une arnaque ?
Ne rejoindrait-elle pas le schéma classique en vogue en Occident à une certaine époque qui consistait à susciter auprès de l'opinion publique une culture de la peur pour entretenir des visées aussi bien politiques qu'économiques (Bug de l'an 2000, Guerre du Golfe, ou de fin du monde prédite pour 2012...) ? Cette hypothèse serait-elle plausible et réalisable ?

Malgré toutes ses interrogations, il existe tout de même sur Internet des sites où comme le rapportent les auteurs de VOLDEMORT ; la disponibilité d'informations traitant de la recherche biologique, de la méthodologie et des divers logiciels utilisés pour arriver à compiler, assembler et analyser les données y relatives sont étayées.

Déjà aux USA, l'Agence Fédérale de Protection de l'Environnement avait donné à une firme américaine l'autorisation de dissémination de virus génétiquement modifié, porteurs de germes de scorpions destinés à tuer les chenilles dans les champs de cotton. Ces informations ont été récoltés par des partisans de la Bio Informatique Libre et diffusé sur Internet.

En Californie, des bio informaticiens rebelles conçoivent et diffusent gratuitement sur Internet des données scientifiques permettant au grand public de faire des manipulations génétiques sans aucune restriction ni contrôle, permettant ainsi de faire de la manipulation génétique sans être un fin connaisseur.

L'on peut forcement s'imaginer qu'un groupe de personnes en l'occurrence, les initiateurs de VOLDEMORT puissent entreprendre la même démarche à des fins purement machiavéliques.

On est encore loin de l'époque où le gouvernement sud africain avait adopté une démarche parallèle mais visant cette fois l'extermination des noirs d'Afrique du Sud entre 1980 et 1990.

« Lorsque les premiers éléments du programme ultra secret sud-africain - le Project Coast - ont été percé durant l'été 1998, nul n'imaginait encore l'ampleur qu'avait prise ce véritable bioterrorisme d'État. Anthrax, Ebola, Sida, Choléra, stérilisation de masse, poisons chimiques ethniquement sélectifs, figurent parmi les armes envisagées par les autorités de l'Apartheid contre la population noire. Un projet de guerre biochimique à caractère raciste largement soutenu par les puissances occidentales. Mis sur pied en 1985, le programme militaire n'a apparemment pris fin qu'en 1994, sans que toutes les responsabilités soient clairement établies. À ce jour nul ne sait où a disparu cette technologie de mort ni entre quelles mains elle se trouve. Encore moins sait-on qui pourrait en faire usage. Plusieurs auditions de la Commission Vérité et Réconciliation présidée par le prix Nobel Desmond Tutu, révéleront toutefois le nom d'un personnage : celui du docteur Wouter Basson, éminent cardiologue et scientifique, surnommé "Docteur La Mort". On lui prête d'avoir été le cerveau du projet dont l'objectif était l'extermination du peuple noir par le biais d'armes biochimiques extraordinairement sophistiquées.

Des dizaines de millions de francs sont ainsi mis à contribution par le gouvernement de l'apartheid peu avant les années 90, afin de mettre sur pied un laboratoire militaire technologiquement suréquipé dans la banlieue proche de Prétoria à Roodeplaat, Des recherches extrêmement poussées sont alors enclenchées afin de développer une molécule mortelle, sensible à la mélanine qui pigmente la peau des noirs. Autrement dit, une arme d'extermination ethniquement sélective[2] .»

Cette forme de Terrorisme Biologique utilisant Internet pour se diffuser a depuis quelques années prît l'appellation communément reconnu par tous de Cyber Terrorisme.

Le Cyber Terrorisme consisterait donc pour un Gouvernement, une Puissance étrangère ou un groupe terroriste à diffuser des connaissances scientifiques dont l'objectif final aboutirait à la perpétration d'un acte de sabotage, d'espionnage ou d'un acte terroriste.

Mais alors, voudrait-ce signifier qu'un scénario comme celui du projet Voldemort puisse exister, et aurait été déjà mis en pratique ? Difficile à dire. Plusieurs analystes croient plutôt à de l'intoxication diffusée de façon intentionnelle par un groupe d'individus dans le but de désinformer et de distiller la peur. C'est l'opinion du Congo Internet Consortium, dont les travaux d'un séminaire atelier organisé à Kinshasa parallèlement à la Fête de l'Internet en 2004, avaient traité de la question. Même en admettant ces conclusions, cette possibilité reste possible dans d'autres cas.

Détaillant les potentialités que peuvent développer des réseaux terroristes pour développer des armes chimiques, les chercheurs français de la Fondation de la Recherche Scientifique en sont arrivés à une conclusion quasi identique.

« Internet a sans aucun doute facilité la circulation des informations. Si le manuel des Moudjahidin relatifs aux produits non conventionnels circule encore sur les sites et les forums islamistes. Il apparaît finalement moins dangereux que d'autres documents désormais diffusés par des sites officiels ou même gouvernementaux. Compilés, ceux-ci permettent de recueillir des éléments nocifs. Or, maîtriser la circulation de l'Information

---

[2] Tristan Mendes et Yves Eudes, Dr la Mort, Ed. Albin Michel

représente un défi encore plus grand que maîtriser les sources et la circulation des produits dangereux. [3] »

De pareilles informations ne peuvent que faire froid dans le dos, surtout lorsqu'elles sont superposées les réalités de notre Pays où l'inexistence de textes légaux pouvant régir la circulation des informations sensibles sur Internet ainsi que de moyens de rétorsions contre le Cyber-Terrorisme n'existent pas.

Jean-Luc Vo Van Qui va même plus loin en affirmant : « les terroristes ont parfois besoin de peu d'éléments pour faire des bombes. Les recettes sont même sur Internet »

Le Cyber terrorisme n'est pas exclusivement lié aux groupes terroristes islamistes. Une organisation privée, voire un Etat peut, dans le cadre de ce qui se qualifie désormais de plus en plus de « Guerre électronique » recourir à des techniques visant à saboter ou contrer les moyens de télécommunications d'un autre état, allant d'Internet à la Télécommunication sous la forme actuelle.

Le 4 octobre 2004, Ricahrd Lawless, sous-secrétaire Adjoint à la Défense, avait déclaré devant le US Taiwan Business Council, que la Chine développait ses capacités pour créer le Chaos sur Taiwan en sabotant ses moyens de Télécommunications ».
L'idée évoqué par cet ancienne éminence grise du Pentagone était qu'en cas de conflit armé entre la Chine et Taiwan, le Gouvernement Chinois commencerait par prendre d'assaut les infrastructures de télécommunications taïwanaises afin d'isoler l'île.

Le contrôle des moyens de communications de l'ennemi dans le contexte d'une guerre conventionnelle est donc primordial, voir décisif dans certains cas. La propagande anti-américaine de la Radio Japonaise dans le Pacifique durant la deuxième Guerre mondiale, ou l'Affaire du commentaire de Ghislaine Dupont, soupçonné sur son rôle dans la Prise de la Ville de Bukavu dans le conflit armée de l'ex Zaïre en 1996 sont plus qu'évocateurs.

Selon le Centre de Recherche Technologique, le Ministère américain de la Défense aurait confié à une unité spéciale, le « *Joint Functional component command for Network Warfare* » la mission de traquer sur le web les personnes ou organisations qui se livrent à

---

[3] Fondation pour la Recherche Stratégique

l'attaque des infrastructures informatiques gouvernementales américaines. Le FBI opérerait de la même manière en procédant à des ripostes régulières sur des Fournisseurs d'accès à partir desquels agissent les pirates qui embarrassent l'Amérique.

Le Résultat immédiat de ces ripostes se résume en une interruption régulière des services chez les fournisseurs concernés et leurs inscriptions sur une liste noire des providers à haut risque avec tout le lot de sanctions qui s'en suivent, (diminution du débit, sur taxation des coûts des lignes louées, etc.).

L'irrégularité constatée depuis des mois dans les connexions à Kinshasa et Lubumbashi et même chez ceux abonnés à des prestataires satellitaires seraient la résultante de l'action des pirates étrangers et des actions de représailles menées par les services des pays touchés dont les Etats-Unis sur les Infrastructures ayant servis aux attaques [4].

Le Centre de Recherche technologique en est convaincu sur base de divers renseignements obtenus dans le sillage des services de police criminelle à travers le monde.

La frontière entre les télécoms et les réseaux informatiques commençant de plus en plus à se dissiper suite à l'apparition de technologies nouvelles, il est plus qu'impératif qu'un Etat, qu'elle qu'il soit ; puisse considérer cette nouvelle approche qui constitue à part entière, un menace potentielle que l'évolution technologique a introduite, et à laquelle il faudra se prémunir.

La menace Cyber Terroriste sonne le glas de la conception classique et traditionnelles des conflits tel qu'entrevue il y'a encore une trentaine d'années et nous laisse entrevoir les perspectives de ce que seront les guerres du futur.

Les Pays disposant de système de défenses évolués, se perfectionnent et se sont tous reconvertis à cette nouvelle forme de menace qui aura pour centre principal le contrôle des flux d'informations et de données. C'est dans ce cadre par exemple que l'OTAN s'est doté en 2008 d'un centre de Cyber – Défense.

---

[4] Livre du Blanc Renseignement en République Démocratique du Congo

Chapitre III : **Alternatives de la Cybercriminalité au Congo**

La création d'un Agence National doté d'un statut spécifique et d'attributions élargies permettra au Congo de pouvoir se doter d'une structure fiable capable de lui permettre de juguler les risques liés à la cybercriminalité qui se développe à un rythme exponentiel dans le monde.

L'absence de volonté politique claire en la matière et un déficit d'information des gouvernants traitant de cette thématique au Congo constitue un sérieux handicap pour une meilleure appréhension de ce phénomène.

A l'heure où les gouvernements du monde se mobilisent à travers des cadres de collaboration et d'échange pour résoudre la perplexité que pose ces nouvelles formes de menaces issues de la révolution numérique ; le Gouvernement Congolais n'à jusqu'à ce jour pas mis en place le cadre légale et technique pouvant permettre au pays de les juguler.

III.1. **la Sécurité Nationale**

Crucial qu'est cet éternel problème lié à la fiabilité d'un réseau gouvernemental bien structuré. Comme on peut le constater de part la médiatisation des différents exploits des pirates, qui à travers le monde parviennent à exploiter les vulnérabilités de grandes structures (organismes gouvernementaux, banques, multinationales) et ce malgré les imposants dispositifs de sécurisation mis en place par ces derniers pour palier à ce genre de risque nous laisse assez perplexe. Comment la RDC, pourrait elle prétendre faire mieux ?

C'est une question à laquelle il est difficile à répondre car dépendant en partie de l'implication du pouvoir public qui ne devra pas nécessairement jouer sur un budget conséquent mais particulièrement, sur une politique cohérente et homogène sur cet aspect sécuritaire qui engage la destinée d'une nation tout entière.

Le fossé technologique est certes grand, mais il peut se combler si les autorités englobent la lutte contre la Cybercriminalité dans un programme de sécurité nationale moderne et à jour.

La mondialisation de la criminalité et les bouleversements que connaissent les infrastructures de télécommunications, pousse à étendre notre réflexion et surtout nos capacités dans notre manière d'assurer la sécurité de notre pays. Une première démarche consisterait tout d'abord à regrouper des gens ayant des connaissances assez poussées sur le domaine afin de les intégrer dans des structures qui leur permettront de veiller à la sécurité des organismes gouvernementaux susceptibles d'être l'objet de vol de données stratégiques ou d'espionnage à distance.

III.2. **A la sécurité du Réseau Bancaire**

La Banque Centrale du Congo, plus que tout autre banque présente dans notre pays était dépeinte il y a des années par la Cellule Anti-Cybercriminalité de la RDC, comme la cible de choix pour l'action d'un groupe de saboteurs plus ou moins organisés, travaillant à titre individuel ou à la solde d'une puissance étrangère.

Trois ans après ce signal d'alarme, l'Institution a subi un sinistre qui malgré des discours rassurants, a entrainé des pertes irrémédiables de fichiers et autres données vitales.

C'est le terme « *sabotage* » qui a été utilisé par le Gouverneur Masangu Munongo, pour justifier le sinistre, se référant aux conclusions d'une enquête menée en interne au sein de la Banque.

La mise en place d'une politique de sécurité globale interne pour la sensibilisation des employés de cette dernière notamment sur la gravité des risques qu'ils encourent dans la manipulation et l'usage des ressources informatiques en interne ou hors de leurs lieux de travail est une des stratégies à adopter.

La mise en place d'une telle politique au niveau interne pour cette institution et pour d'autres banques est indispensable à la bonne sécurisation des réseaux et systèmes d'information en y impliquant tout le personnel humain, car ces derniers constituent l'un des maillons faibles du système dont les hackers usent de la générosité exagérée pour soutirer près des employés, les informations dont ils ont besoin pour architecturer la topographie d'un réseau. C'est là un problème crucial, car un seul individu qui n'applique pas les règles peut anéantir les efforts de toute la structure.

III.3. La Gestion efficiente et centralisée des fichiers informatiques

Aujourd'hui, la difficulté que pose la tenue des fichiers manuels quant à l'encombrement qu'ils suscitent pose l'alternative de tenir une banque de données informatisées qui permettrait de centraliser et de gérer les dites données de manière beaucoup plus efficiente. Les autres organismes étatiques se serviraient ainsi de ces données dans différents domaines en rapport avec leurs activités : Recensement plus rapide, identification de chaque citoyen (migrations), contrôle démographique, gestion efficiente des zones de santés, scrutins électoraux, déclarations fiscales, surveillance et sécurité du territoire, etc., sont autant d'exemples qui montrent combien ils importent de recourir à ce système.

Pour palier aux problèmes liés à l'immensité du territoire et aux difficultés de déplacements de certaines populations enclavées. L'Agence dont la création est proposée dans ce livre, se devra à l'instar actuellement de l'ANR (Agence Nationale de renseignement) de disposer de cellules réparties sur tout le territoire dans chaque province, ville, district, territoire, collectivité, commune, voire bureau de quartier. Ces données une fois collectées seront retransmises à une autre structure chargée de réguler l'utilisation des fichiers individuels en accord avec les préceptes relatifs au droit de la personne, qu'il faudra définir.

III.4. A la recherche Scientifique

Le perfectionnement sans cesse quotidien des systèmes d'espionnage, de piratage ou encore de sabotages exhorte donc à pousser la réflexion de notre politique et stratégie de défense nationale beaucoup plus loin, et à imaginer des nouveaux moyens eux aussi beaucoup plus adaptés pour parer à ces éventualités.

La capacité du Congo à assurer sa sécurité globale de façon optimale réside en la volonté de concrétisation d'une politique de Sécurité Nationale qui s'axe également sur la Recherche scientifique comme alternative pour le présent et le futur. D'autres aspects similaires peuvent aussi bénéficier d'une attention toute particulière entre autre, les techniques d'espionnage électronique basé sur des protocoles informatiques, la sécurisation des nouvelles générations de téléphones cellulaires, mais surtout les applications sans fil (routeur sans fil, clavier sans fil, Internet mobile,...), ainsi que des systèmes plus spécifiques comme par exemple les réseaux de transmission de données par radio destinés au trafic aéronautique.

IV. Conclusion

La recomposition du monde observée après la deuxième Guerre Mondiale a permis aux peuples, aux acteurs économiques, aux scientifiques et aux politiques de se consacrer aux questions liées au développement et au bien être de l'humanité.

Des progrès considérables ont été accomplis pour faciliter l'accès à l'éducation, à l'amélioration de la santé humaine, la stabilité des Etats, l'harmonie et la concorde Universelle. Mais, le monde reste à parfaire. Il reste encore des exploits scientifiques à accomplir. Des idées lumineuses et généreuses jailliront certainement des intelligences à venir pour bien illuminer de leur génie les prochains siècles à travers les échanges économiques, les mouvements des hommes et surtout la manière dont ils peuvent communiquer pour mieux, ensemble, construire leurs destins dans l'espoir d'une prospérité plus garante de la qualité de la vie.

Dans le contexte de partage de ces idées qui se manifeste à travers la mondialisation actuelle, le développement de l'informatique et de ses différentes applications est désormais irréversible.

L'informatique avec son application de partage de savoir mondial, **Internet**, en est le fer de lance. Il est au centre des stratégies et des technologies de la communication. L'introduction d'Internet a suscité beaucoup d'enthousiasme et en suscite encore plus, car la majeure partie de la population mondiale n'est pas encore intégrée dans l'utilisation efficace de cette technologie.

Centré sur plusieurs aspects fascinants comme : les réseaux sociaux, l'e-administration, le commerce électronique, le développement rapide de l'informatique et d'Internet ainsi que d'autres systèmes d'information donne aussi naissance à un secteur économique totalement nouveau et à de nouveaux flux d'informations, de produits et de services franchissant rapidement les frontières des pays.

Cette évolution a malheureusement offert de nombreuses nouvelles possibilités aux délinquants, aux personnes de mauvaise foi et a ouvert la voie à une nouvelle forme de criminalité que l'on résume sous le terme générique de cybercriminalité.

Bien que conçu différemment d'après les Etats et les différents auteurs qui ont tenté d'en donné sens sous le ton de la sécurité informatique, ce phénomène ne bénéficie pas d'une attention soutenue dans la réglementation et la mise en place des politiques globales que ce soit au niveau des utilisateurs des technologies grand public que dans le secteur public en Afrique.

Cet ouvrage a tenté de donner une certaine contribution à la compréhension de ce phénomène ainsi que ses alternatives en République Démocratique du Congo, à travers une vision panoramique de ces crimes tels que recensés depuis 2005 jusqu'en 2010 en république Démocratique du Congo.

Il ne faudrait cependant pas oublier que le caractère sensible que pose la sécurité Informatique nécessite l'implication des pouvoirs publics ainsi que des cadres scientifiques oeuvrant dans le secteur, quant à sa concrétisation, vision que je soutiens par la création d'une Agence Nationale de Lutte contre la Cyber criminalité et tout ses corollaires (piratage électronique, Cyber-guerre, bioterrorisme, espionnage)

Cela ne veut pas dire qu'il faudrait attendre uniquement la constitution d'un budget colossal de plusieurs millions de dollars, mais le minimum de sécurité en ce qui concerne la sécurisation des ressources matérielles et logicielles ainsi que la conscientisation du personnel IT peuvent déjà être d'usage dans les différents secteurs d'activités.

De façon concrète la mise en place d'une structure axée sur la sécurité des systèmes d'informations ne repose pas uniquement sur des questions d'ordre techniques mais surtout sur la une volonté des acteurs concernés par cette problématique de s'y conformer et d'en faciliter l'éclosion et la bonne marche.

Les exemples de l'expansion de la cybercriminalité au Congo mais aussi dans d'autre pays africains sont légions.

L'Afrique est devenue l'Eldorado de ces tueurs à gage numérique, qui tirent profit de l'absence de législation pénale en la matière et de l'ignorance des utilisateurs pour opérer en toute quiétude.

.

Aujourd'hui encore, des utilisateurs d'Internet ne sont pas sensibilisés à ces risques, et sont toujours exposés à plusieurs formes de cybercriminalité dont ils n'ont pas conscience. D'autres catégories de personnes, futurs utilisatrices des ces technologies dans le futur sont également dans le même cas de figure.

La Jeunesse, qui est une catégorie de la population qui est la plus apte à maîtriser ces technologies doit être sensibilisée à cette question, afin que ce fléau ne puisse endiguer les nombreux efforts consentis aujourd'hui dans l'usage des TIC au service du développement.

Il ne faut plus que la cybercriminalité soit source de fuite de capitaux et de destruction des ressources informatiques déjà en petit nombre sur le continent.

A cet effet, en accompagnement des efforts des rares acteurs locaux impliqués dans cette thématique, les jeunes, appuyés par d'autres dynamiques de chercheurs en la matière, devraient se constituer en noyaux dont le rôle serait la sensibilisation des consommateurs, qui constitue le maillon faible du système.

Sur 200 personnes sensibilisées, une seule personne qui n'applique pas les règles de sécurité est une brèche qui peut mettre à néant les efforts consentis par toute une structure. Le travail à faire est donc colossal, mais indispensable si l'on veut que la révolution du numérique puisse remplir les objectifs de développement escomptés pour le Congo et le continent africain.

Peut être serait ce l'occasion de jeter les jalons d'un Réseau Africain pour la Sécurité des Systèmes d'Informations ; dont le rôle serait non seulement la sensibilisation, mais aussi la prévention des crimes usant des technologies.

V. Bibliographie

- CIA, the World Factbook

- How to become a Hacker, Eric Steven Raymond

- Congo et Internet : Horizons 2010, Centre de Recherche Technologique

- Les Défis de la prolifération au XXIème siècle, Fondation pour la Recherche Stratégique, page 42

- Rapport Panoramique sur la Cybercriminalité au Congo 2006, Congo Internet Consortium

- Livre Blanc du Renseignement en République Démocratique du Congo, Cabinet DigCorps

- Strategic Insights, Vol. VI, Center for Contemporary Conflict

- Combating proliferation of weapons of mass destruction, report of the commission to assess the organization of the federal government to combat the proliferation of weapons of mass destruction Juillet 1999

- Technology capability panel, "meeting the threat of a surprise Attack", Février 1955

- Into the study of Command, Desert Storm, Tom Clancy; 1993

- Lichel Pinton " Reflexion sur la Guerre postmoderne", Futuribles, n° 290, Octobre 2003

- Zone-H.org : Digital Archives

- Tristan Mendes et Yves Eudes, Dr la Mort, Edition Albin Michel, 462 pages

- Msomwe-a-NFUNKWA Banza. "New information and communication technologies in the Democratic Republic of Congo: Strategies and Measures." Nanjing Normal University. P.R. of China. Avril 2006. Turkish Online Journal of Educational Technology-TOJET.
  ISSN: 1303-6521 Volume 5, Issue 2, Article 5

LA SECURITE INFORMATIQUE AU CONGO

Des années d'investigations ont permis de récolter des images et des données inédites sur un phénomène encore peu connu qu'est celui de la sécurité informatique en République Démocratique du Congo.

Avant-garde de la Cybercriminalité et du Cyber-Terrorisme, la Sécurité des systèmes d'informations tend à tort à paraître pour un nouveau phénomène dans les pays en voie de développement au Sud du Sahara alors que ses effets sont de plus en plus visibles.

De la Photographie satellite en passant par des techniques de saturations des réseaux, de l'Arnaque financière, et autres piratages de sites Web, tous, tirés de cas vécus en République démocratique du Congo à partir des années 2005, l'Auteur plonge le lecteur dans l'univers clos et hermétique du Hacking où la frontière entre le légal et l'illégal ne tient qu'à un fil..............................

LA SECURITE INFORMATIQUE AU CONGO